Textos: Ana Serna Vara
Ilustraciones: Carmen Sáez
Ilustraciones de cubierta: Carmen Guerra

© SUSAETA EDICIONES S.A.
C/ Campezo, 13 - 28022 Madrid
Tel.: 91 3009100 - Fax: 91 3009118
Impreso y encuadernado en España
www.susaeta.com

susaeta

Nuestro Bebé

Primera foto del bebé

¡Este bebé tan lindo soy yo!

Mi nombre es .... ,

y mis apellidos son ....

Mi nacimiento

Fue el .... a las .... horas.

Nací en la Clínica .... ,

de ....

Me ayudaron a nacer el Dr. .... ,

y la matrona ....

Pesé .... kilos.

Medí .... centímetros.

Mis ojos son de color .... ,

y mi pelo es ....

Signos particulares ....

El día que nací yo...

El día que yo nací era .... (día de la semana).

El tiempo era ....

Las noticias más importantes de ese día fueron:

....

....

....

Mis primeras visitas

....

....

....

....

....

....

Regalos que recibí

....

....

....

....

....

....

Mis mejores   fotos

Fotos
familiares

10

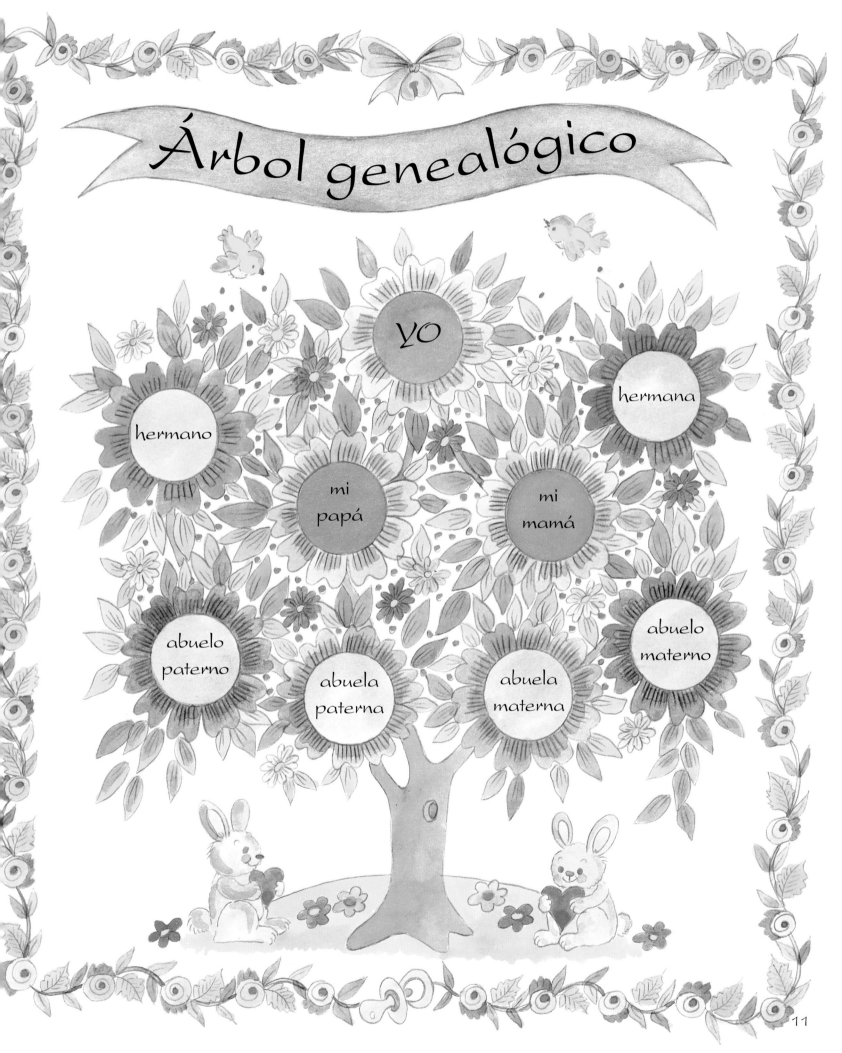

Mi primer día en casa

Salí de la Clínica con ....

....

Al llegar a casa me esperaban ....

....

Pasé el día ....

....

....

Mi primer baño

(foto)

Mi bautizo

El día .... de .... de .... ,

a las .... horas, me bautizó D. .... ,

en la iglesia ....

Mi madrina fue .... ,

y mi padrino ....

Me pusieron este nombre ....

Después mis papás hicieron una fiesta en ....

.... a la que asistieron ....

....

....

(foto del bautizo)

(foto de la fiesta del bautizo)

15

Datos importantes

Mi grupo sanguíneo es .... Factor RH ....

Soy alérgico a ....

....

Las enfermedades que he padecido son:

....

....

....

....

Mi pediatra es: Dr. .... ,

y su teléfono ....

Otros datos de interés son ....

....

....

Mi primer paseo

....

....

....

....

....

....

Voy creciendo

Mi peso y estatura

A la semana pesaba .... kilos y medía .... cm.

A las dos semanas .... y ....

A las tres semanas .... y ....

Al mes .... y ....

A los dos meses .... y ....

A los tres meses .... y ....

A los cuatro meses .... y ....

A los cinco meses .... y ....

A los seis meses .... y ....

Al año .... y ....

A los dos años .... y ....

A los tres años .... y ....

A los cuatro años .... y ....

Tabla de pesos y estaturas

Edad	Niños Peso kilos	Niños Estatura cm	Niñas Peso kilos	Niñas Estatura cm
Al nacer	3,400	52	3,250	50
1 mes	4,400	54	4,250	52
3 meses	6,000	62	5,800	60
6 meses	7,800	68	7,450	65
9 meses	9,400	72	8,700	70
12 meses	10,600	76	9,900	74
18 meses	11,800	84	11,250	81
2 años	13,000	90	12,650	87
3 años	14,4000	96	14,100	93
4 años	16,300	103	16,000	100
5 años	19,000	108	18,250	105

Vacunas
Calendario de vacunación

Recién nacido

Hepatitis B

2 meses

Difteria. Tétanos. Tos ferina. H. influenzae B (gripe) + Polio + Hepatitis B + Meningitis.

4 meses

Difteria. Tétanos. Tos ferina. H. influenzae B (gripe) + Polio + Meningitis.

6 meses

Difteria. Tétanos. Tos ferina. H. influenzae B (gripe) + Polio + Hepatitis B + Meningitis.

15 meses

Sarampión. Rubéola. Parotiditis.

18 meses

Difteria. Tétanos. Tos ferina.

H. influenzae B (gripe) + Polio.

4 años

Difteria. Tétanos. Polio. Sarampión Rubéola. Parotiditis +Tos ferina.

11 años

Sarampión. Rubeola. Parotiditis.

Hepatitis B.

14 años

Tétanos (tipo adulto). Difteria.

Vacunas

Fecha	Vacuna	Observaciones

Mi signo del zodiaco

Mi signo del zodiaco es ....

Dicen que los nativos de este signo somos ....

....

....

Datos de mi carácter ....

....

(Escribir el signo del niño)

Los dientes

Tabla de dentición

La dentición primaria («dientes de leche») se inicia generalmente entre el sexto y el octavo mes y se termina aproximadamente alrededor de los dos años siguiendo el orden descrito arriba.

Fechas
en que me han salido los dientes

....

....

....

....

....

....

Proceso evolutivo del bebé

Al nacimiento: El niño permanece acostado sobre la espalda con las extremidades flexionadas. Sus movimientos son impulsivos. El reflejo más desarrollado es la succión.

A las seis semanas: Sonríe en respuesta a la madre/padre. Mantiene la cabeza cuando se tira de él hacia arriba.

A las ocho semanas: Sonríe y hace gorgoritos. Responde a una voz amistosa. Sigue con la mirada.

A los tres meses: Abre las manos con facilidad. Es capaz de volver la cabeza siguiendo a la madre y a los objetos. Cuando lo colocan boca abajo, levanta la barbilla y los hombros.

A los cuatro meses: Sujeta la cabeza. Agarra los objetos voluntariamente. Se excita cuando ve el alimento. Reacciona a los ruidos.

A los cinco meses: Se sienta con una ligera ayuda. Todo lo coge y lo chupa. Balbucea.

A los seis meses: Cuando está acostado sobre el pecho (boca abajo), es capaz de girar su cuerpo y quedarse boca arriba. Le encanta mirarse en los espejos.

A los siete meses: Se sienta apoyándose en las manos. Se pone de pie con ayuda. Le gusta intercambiar gorjeos con sus padres.

A los nueve meses: Se pone de pie sujetándose en los objetos que le rodean (sillas, mesas…). Puede sujetar objetos con firmeza ya que controla sus dedos. Se balancea.

A los diez meses: Anda a gatas sobre las manos y las rodillas. Intensifica la imitación. Descubre objetos escondidos. Dice adiós con la mano.

Al año: Camina . Tira y recoge objetos ofreciéndoselos a los que le rodean. Pronuncia palabras. Obedece órdenes sencillas.

Mis gustos

Mis juguetes preferidos son ....

....

Mi canción favorita es ....

....

La comida que más me gusta es ....

....

Me encanta jugar con ....

....

Mis animales favoritos

Los que más me gustan son ....

....

Mi mascota es ....

....

Se llama ....

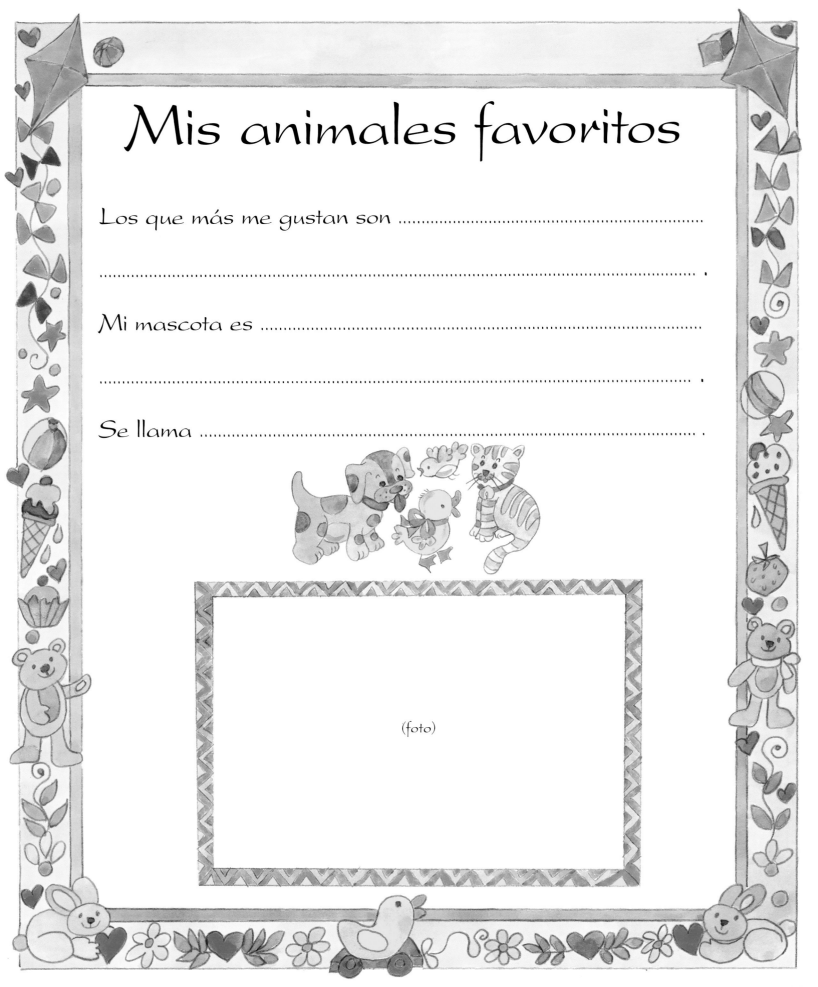

(foto)

Mi primer cumpleaños

(foto)

Asistieron a mi fiesta: ....

....

....

Me regalaron: ....

....

....

Mi segundo cumpleaños

(foto del segundo cumpleaños)

(foto del segundo cumpleaños)

Mi tercer cumpleaños

(foto de mi tercer cumpleaños)

Mi primera Navidad

¡Ay del chiquirritín!

Ay del chiquirritín
chiquirriquitín,
metidito entre pajas,
ay del chiquirritín,
chiquirriquitín
queridín, queridito del alma.

Por debajo del arco
del Portalico,
se descubre a María,
José y al Niño.

Ay del chiquirritín
chiquirriquitín
metidito entre pajas,
ay del chiquirritín
chiquirriquitín
queridín, queridito del alma.

(fotografías)

Mis primeros amigos

Mis primeros amigos son ....

....

Los he conocido en ....

....

Con ellos suelo jugar a ....

....

....

Mis viajes

Mi primer viaje fue a ....

....

Mi segundo viaje ....

....

El viaje más divertido ....

....

Algunas anécdotas: ....

....

(foto)

38

¡Cuántas cosas sé hacer!

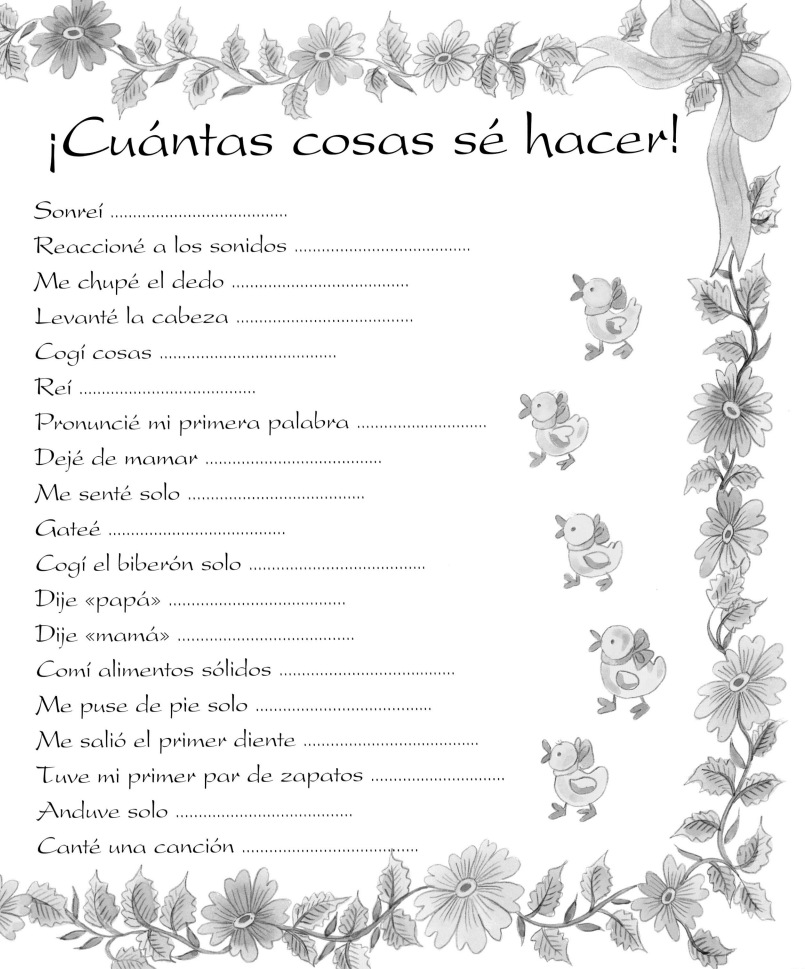

Sonreí ....

Reaccioné a los sonidos ....

Me chupé el dedo ....

Levanté la cabeza ....

Cogí cosas ....

Reí ....

Pronuncié mi primera palabra ....

Dejé de mamar ....

Me senté solo ....

Gateé ....

Cogí el biberón solo ....

Dije «papá» ....

Dije «mamá» ....

Comí alimentos sólidos ....

Me puse de pie solo ....

Me salió el primer diente ....

Tuve mi primer par de zapatos ....

Anduve solo ....

Canté una canción ....

Mi primer día de cole

Mi colegio es ....

Me ha llevado al cole ....

Mi profesor/a se llama ....

Mis amigos/as son ....

Lo que más me gusta del cole es ....

....

....

(foto)

(foto)

Mis primeros dibujos

Mi primer dibujo lo realicé a .... de edad.

Dibujé ....

Lo que más me gusta dibujar es ....

Mis colores preferidos son ....

Mi primer dibujo

Más dibujos

Mis vacaciones

(foto)

Índice